INSTAGRAM

Sommario

INSTAGRAM 1
INTRODUZIONE 5
CAPITOLO 1 8
    Benvenuto su Instagram 8
    Soldi e tempo 10
CAPITOLO 2 14
    La scelta del target: a chi vuoi parlare? 14
CAPITOLO 3 20
    Come creare un account vincente 20
    Il nome del profilo 20
    La biografia 21
    L'immagine del profilo 23
    Pulizia del tuo vecchio profilo 26
CAPITOLO 4 28
    I contenuti su Instagram 28
    Come creare contenuti ogni giorno 29
    Programmazione o improvvisazione? 32

Quali contenuti sono adatti: trovare la propria strada 34

I video su Instagram e l'IGTV 36

   Bonus: come creare il tuo video per Instagram in 5 minuti con InShot 40

Le Instagram Stories 42

Come capire se un contenuto funziona su Instagram 45

CAPITOLO 5 55

   La frequenza e le date di pubblicazione dei post 55

CAPITOLO 6 58

   L'importanza del visivo 58

CAPITOLO 7 64

   La promozione del profilo Instagram 64

   Instagram Advertising 66

   Advertising su Instagram: creazione del post sponsorizzato 69

   Instagram Analytics 71

CAPITOLO 8 75

   Sfruttare il potere degli influencer 75

   Come contattare un influencer 79

I Bot: perché non dovrai mai usarli 85
Bonus: il Glossario d'Instagram 88
CONCLUSIONI..98

INTRODUZIONE

Perché proprio Instagram? A oggi Instagram è la piattaforma social che sta crescendo più velocemente di tutte: solo negli ultimi anni i suoi iscritti si sono quadruplicati, consacrandola come app del momento. Con una platea di più di un miliardo di persone, come possiamo non essere presenti anche noi?

Che tu voglia far conoscere la tua azienda, i tuoi servizi, i tuoi blog, la tua persona, Instagram è il posto giusto: a seconda delle tue esigenze puoi farti conoscere e arrivare anche a monetizzare la tua presenza sul social più amato del momento.

Vuoi posizionare il tuo brand? Instagram è il posto giusto. Vuoi far conoscere i tuoi servizi? Instagram è il posto giusto. Vuoi far conoscere le tue ricette? Instagram è il posto giusto. Vuoi ottenere popolarità? Instagram è il posto giusto.

Nel momento in cui apri un profilo e inizi a produrre contenuti, puoi raggiungere un miliardo e rotti di persone alle quali interessa quello che hai da dire, o da mostrare, o da vendere.

Instagram, ovvero il regno delle foto, dei video e delle Instagram Stories. Ovvero tutto un mondo fatto per condividere con i propri follower quello che visivamente più piace e attira, che sia un abito, un panorama, una foto romantica o un piatto di carbonara. Le persone che fanno parte di questa community postano immagini, video, taggano amici, inseriscono hashtag e cliccano sui contenuti che vengono condivisi dagli altri utenti. Senza dimenticare che questo social ha dato il lancio al fenomeno mondiale degli influencer.

Visto che le sue funzioni sono in continuo

aggiornamento e hanno fatto diventare questa piattaforma anche una sorta di e-commerce sociale, adatto soprattutto a chi utilizza il Social Media Marketing 2b2, vediamo nel dettaglio come è possibile utilizzare Instagram nel modo migliore e far valere la nostra presenza sul social a beneficio dell'azienda, del brand o della persona che rappresentiamo.

CAPITOLO 1

Benvenuto su Instagram

Se su Instagram conosci le giuste strategie, e impari a usarle nella giusta maniera, puoi avere successo: Instagram può farti uscire dall'anonimato, farti conoscere nel mondo, far decollare i tuoi progetti. Ma prima di tutto devi fare un piccolo esame introspettivo, rispondendo alle seguenti domande:

- Chi sei?
- Quali sono i tuoi obiettivi?
- Quali sono le persone che vuoi raggiungere?

Il primo passo da fare è proprio quello di capire chi sei e cosa vuoi: se vuoi vendere il tuo prodotto, la tua azienda o i tuoi servizi senza muovere un passo Instagram può fare al tuo caso; se la tua passione è viaggiare e vuoi raccontare a tutti le tue avventure in giro per il mondo, Instagram può fare al tuo caso; se il tuo obiettivo è quello di diventare la nuova Chiara Ferragni, Instagram può fare al tuo caso.

Sei tu a doverti "vendere" a farti conoscere e farti seguire da più persone possibili, rimanendo quello che sei: la finzione, in realtà, non aiuta, non vende.

Capire chi sei e quali sono i tuoi obiettivi ti serve per mettere a punto una strategia in grado di valorizzare i tuoi punti di forza. Quindi parti dall'onestà e scegli come posizionarti in base alla tua identità.

Il passo successivo è capire a chi vuoi rivolgerti: qual è il target che vuoi raggiungere. Con target si indicano le persone che potrebbero essere interessate alle tue parole, ai tuoi prodotti e ai tuoi servizi: sono loro quelli che potrebbero far arrivare la monetizzazione sicura dal social.

Soldi e tempo

Quanto tempo e quanto denaro sei disposto a investire?

Questa domanda potrebbe entrare a far parte della triade precedente, ma procediamo con calma. "Essere" sui social non significa solo passare del tempo, pubblicare contenuti ogni tanto e aspettare che gli altri ci trovano. Il lavoro attivo sui social network è fatto d'impegno, tempo e denaro: non stiamo mica giocando.

Per riuscire a ingranare nella giusta maniera devi capire che l'organizzazione è fondamentale: produrre contenuti di qualità, e con una certa frequenza, serve per arrivare al target e questo comporta molte ore di lavoro. Quindi cerca di capire quanto tempo puoi dedicare al tuo profilo: quante ore al giorno, alla settimana e al mese puoi strappare dal tuo quotidiano per stare su Instagram, creare contenuti, pubblicare e interagire con i tuoi seguaci. Se non hai tempo o non hai voglia, non riuscirai mai a farti conoscere e il tuo finirà per essere l'ennesimo profilo Instagram inattivo e poco seguito.

Se il tuo tempo scarseggia, ma ti sei reso conto del potenziale che Instagram potrebbe dare al tuo progetto, usa una via secondaria: affida la gestione della pagina a una persona di competenza che curerà tutto al posto tuo. Ed quindi che arriva il fattore economico: le competenze di terzi vanno retribuite, non puoi certo aspettarti che qualcuno faccia il lavoro sporco gratuitamente, vero?

Inoltre se non vuoi investire qualche soldino in visibilità per un pubblico che farà raddoppiare il tuo investimento, non riuscirai mai a sfondare. Quindi cerca di creare un budget da dedicare al tuo progetto, soprattutto per quanto riguarda le sponsorizzazioni (che vedremo più avanti).

Ovviamente all'inizio, quindi appena sarai su Instagram, potrai sfruttare la visibilità organica, quella spontanea e naturale che però tenderà a decrescere in favore di quella a pagamento, che deriverà solo da quanto sarai disposto a investire per sponsorizzare i tuoi contenuti.

Riassumendo:

Abbiamo capito che la prima cosa da fare è:
1. Chiarire chi siamo;
2. Definire i propri obiettivi;
3. Trovare il target giusto;
4. Iniziare a lavorare sul social;
5. Aprire il profilo;
6. Seguire le persone che già ci conoscono e che conoscono l'azienda, i prodotti o i servizi che offriamo;

7. Guardare quello che fanno i propri competitor: ossia gli utenti che offrono i nostri stessi servizi;
8. Guardare a quale pubblico si rivolgono gli stessi competitor;
9. Ascoltare in maniera laterale: ossia inizia a invidiare il proprio target, iniziare a chiedere alle persone che ci seguono cosa vorrebbero vedere. L'ascolto laterale è fatto per andare alla radice delle richieste, andare oltre alle parole per arrivare ai desideri delle persone;
10. Pubblicare i primi contenuti: far vedere chi siamo, che cosa facciamo, di cosa ci occupiamo e iniziare a farci conoscere.

CAPITOLO 2

La scelta del target: a chi vuoi parlare?

Perché un contenuto funzioni non basta che sia in grado di rispondere al compito per cui è stato creato, ma deve essere anche bene indirizzato: se non arrivi esattamente alle persone che saranno interessate a ciò che stai condividendo tutto ciò è inutile.

Il punto, quindi, è trovare il giusto pubblico. Perché se parli alla gente sbagliata non arriverai lontano, anzi. Se hai qualcosa da dire, da proporre, da condividere o da vendere e se capisci a chi dirla, proporla e venderla i tuoi margini di successo cresceranno con rapidità.

Ogni piattaforma ha un suo pubblico preciso e ogni mezzo che usi ha il suo codice per il suo pubblico: il contenitore è il contenuto, ricordalo.

Su Instagram attualmente ci sono più di un miliardo di utenti, provenienti da tutte le parti del mondo:

- Il 51,7% degli utenti è donna;
- Il restante 49,3% è uomo;
- L'1% degli utenti mondiali, sia uomini che donne, hanno dichiarato di avere più di 65 anni;
- Il 15% delle donne appartiene alla fascia 18-24, l'altro 15% appartiene alla fascia 25-35. Il 17% degli uomini appartiene alla fascia 18-24, e l'altro 17% appartiene alla fascia 25-35;
- Il 55% degli utenti italiani usa Instagram;
- Circa il 20% di chi vede una Storia su Instagram poi la commenta;

- Il tempo trascorso a guardare i video su Instagram aumenta dell'80% ogni anno.

Con questi dati possiamo dire che su Instagram ognuno può trovare il pubblico di cui ha bisogno: donne, uomini, ragazzi e ragazze di ogni etnia, status sociale e provenienza.

La prima cosa da fare quindi è conoscere il tuo pubblico:

- Che interessi hanno?
- Che lavoro fanno?
- Che linguaggio parlano?
- Che età hanno?
- Sono uomini o donne?
- A che ora del giorno si connettono?
- Quanto tempo hanno a disposizione per ascoltare quello che voglio dire loro?

Se sbagli a individuare il tuo pubblico, anche se il tuo contenuto è il migliore di tutti, avrai solo sprecato tempo e soldi.

Quindi trova il tuo pubblico, cattura la sua attenzione, proponi un messaggio e fai arrivare il tuo prodotto e i tuoi servizi. Quindi dobbiamo capire come e dove trovare il pubblico e per farlo dobbiamo, prima di tutto, creare la propria Buyer persona.

Le buyer persona sono rappresentazioni, ipotesi, del tuo acquirente perfetto e si fondano su dati concreti e su ipotesi relative alle caratteristiche demografiche, ai comportamenti, alle motivazioni e agli obiettivi che ognuna di esse ha. Si tratta d'individuare un campione di clienti, attraverso strumenti specifici, raggruppando gli utenti per caratteristiche comuni sulle quali calibrare il proprio messaggio. Per costruire la buyer persona dobbiamo avere:

- I dati biografici e demografici: donna/uomo, single/sposata,

disoccupato/lavoratore, centro/nord/sud eccetera;
- I comportamenti, gli hobby e le passioni;
- Le competenze;
- I bisogni, cosa cerca e cosa le serve.

Uno dei migliori programmi per creare la tua buyer persona è questo: https://try.alexa.com/offer/ebook/buyer-persona-templatePAG 25

Riassumendo:

Quindi per individuare il proprio target dobbiamo chiederci chi è questa persona:

1. Quanti anni ha?
2. È uomo o donna?
3. Dove si trova?
4. Che cosa lo interessa?
5. Che tipo di lavoro fa?

6. Che pagine Instagram segue?
7. Cosa pubblica su IG?

Più informazioni riusciremo ad avere circa le persone che vogliamo raggiungere e maggiori saranno le possibilità di riuscire a catturarne l'attenzione.

CAPITOLO 3

Come creare un account vincente

È il momento di creare un profilo Instagram vincente: non un profilo banale ma uno che arrivi dritto al cuore del tuo pubblico, un profilo che rispecchi perfettamente la tua persona, la tua azienda, i tuoi servizi e i tuoi prodotti.

Il nome del profilo

Il nome non sarà tutto, ma è un inizio da non trascurare: il nostro nome, come nella vita, identifica chi siamo e un nome ben studiato potrebbe attirare subito follower prima ancora di vedere il profilo. Per scegliere il nome possiamo: usare il proprio nome di persona, se il profilo che vogliamo creare è riferito al nostro personale brand, quindi usa il tuo nome e cognome o, se hai una qualifica professionale, il titolo che ti si addice; usare il nome della tua azienda, se il profilo che vuoi creare è appunto legato alla promozione dei tuoi prodotti e dei tuoi servizi.

La biografia

Instagram ci dà la possibilità di scrivere chi siamo e cosa facciamo: una biografia in un, con poche parole, possiamo raccontare la nostra storia. Nella tua biografia puoi scrivere:

- Il tuo lavoro;
- La tua età;
- Le tue passioni;
- Il tuo orientamento sessuale;

- Il link del tuo sito o del tuo blog se si possiede.

Se sei un'azienda invece, scrivi dove ti trovi, il tuo indirizzo, la tua città, il link del tuo sito o del tuo e-commerce: infatti così facendo i tuoi follower riusciranno, in maniera semplice e immediata, a raggiungere il tuo prodotto.

Molti scrivono anche una frase che li rappresenta: un motto, uno slogan magari seguito da un emoticon.

L'immagine del profilo

Tenendo sempre ben a mente quanto detto prima, ossia che la finzione non paga, quando dovrai scegliere l'immagine del tuo profilo usa quella che, più di tutte, rispecchia la tua persona.

In base a come ti vuoi posizionare scegli l'immagine più adatta: che sia professionale, spontanea e naturale, costruita e forzata, l'immagine è il tuo biglietto da visita.

Evita di usare filtri, ritocchi e programmi per modificare la tua foto: questi tentativi di abbellimento, protratti fino all'estremo e anche truffaldini, hanno smesso di funzionare.

La tendenza alla naturalezza è una qualità ben apprezzata da Instagram: non dimenticare le storie, quelle mica puoi ritoccarle, giusto?

Quello che dovrai fare è riuscire a intercettare il tuo pubblico dando loro la più vera immagine di te, dei tuoi prodotti o della tua azienda.

L'obiettivo è colpire da subito, senza ingannare nessuno. Instagram infatti paga con l'onestà: messaggi e foto devono essere coerenti con quello che sei e quello che fai ma, soprattutto, devono essere accattivanti e riuscire a farti ricordare dal tuo pubblico.

Quindi perché non puntare sulle tue qualità? Tutti abbiamo qualcosa che ci caratterizza e valorizza: individualo e fotografalo da subito per la tua immagine del profilo.

Almeno per i primi tempi cerca di essere poco propenso alla sperimentazione: farlo in modo irrazionale potrebbe allontanare il tuo pubblico e potresti trovare difficoltà nel mantenere follower stabili. Una volta che hai conquistato una buona fetta del tuo target puoi iniziare a sperimentare novità, usare estro e creatività e far vedere quanto sei cresciuto.

Pulizia del tuo vecchio profilo

Non hai bisogno di creare un nuovo profilo ma solo di sistemare il tuo vecchio account? Nessun problema, per farlo segui queste regole:

1. Elimina tutte quelle foto e quei video che non sono funzionali al raggiungimento dello scopo che ti sei prefissato;
2. Controlla che il tuo nome corrisponda a ciò che vuoi comunicare, ti corrisponda e sia facilmente memorizzabile;
3. Scrivi la tua nuova biografia;
4. Scegli una foto profilo che parli di te.

Riassumendo:

Quando crei la tua biografia su Instagram tieni presenti questi punti:

1. Includi una breve descrizione di ciò che sei e/o ciò che fai;

2. Inserisci gli interessi che ti caratterizzano o gli argomenti che tratti;
3. Aggiungi i tuoi contatti: email e sito web;
4. Utilizza la bio anche per la call to action;
5. Usa un'immagine del profilo che rispecchia il tuo brand e il tuo posizionamento;
6. Scegli un'immagine non datata;
7. Occhio alle dimensioni della foto: 110x110;
8. Usa oggetti che ti rappresentino.

CAPITOLO 4

I contenuti su Instagram

Ora il nostro profilo è pronto, non ci resta che iniziare a produrre e poi caricare tutti i contenuti: foto e video di qualità, sfruttando al meglio tutto quello che questo fantastico social network ci offre. Infatti avere un profilo inattivo, vuoto oppure usato in maniera poco idonea al proprio obiettivo è inutile: i contenuti devono essere coerenti e devono seguire il tuo piano strategico ossia quello di farti conoscere e far conoscere quello che offri.

La qualità paga sempre: un profilo che funziona è un profilo curato, che raggiunge lo scopo per il quale è stato creato e questo comporta impegno e costanza da parte del tuo creatore. Questo vuol dire investire tempo per produrre e creare contenuti, magari non sempre perfetti, ma che miglioreranno con il tempo. Pubblicare ogni giorno qualcosa significa far sapere ai tuoi follower che sei attivo, che vuoi comunicare con loro e che vuoi offrire loro qualcosa.

Pubblica e fatti sentire con qualsiasi mezzo: foto, video, storie, video IGTV, magari con alternanza, offrendo sempre qualcosa di nuovo e diverso a chi ti segue.

Come creare contenuti ogni giorno

Produrre contenuti ogni giorno non è un lavoro facile: serve tempo, costanza e grande originalità per creare qualcosa di qualità. Se da un lato, grazie alle Stories, Instagram ci ha dato un modo facile e veloce di comunicare, dall'altro lato questo strumento ci dà la possibilità di condividere con la nostra community qualcosa, in qualsiasi momento e a qualsiasi ora direttamente in diretta. Le Stories sono un modo per restare sempre in contatto con i tuoi follower, per farli interagire con te e per farti conoscere ancora di più.

I video invece possono essere più complessi: pubblicarne uno al giorno magari non sarà facile, ma puoi provarci facendo leva sull'organizzazione. Prova a registrare un contenuto più lungo e, tagliandolo, usa varie clip per creare più video da un'unica sessione di registrazione. Per fare video di qualità non servono programmi di montaggio o videocamere: basta il tuo telefono, la tua fotocamera e, se puoi, un'applicazione come InShot che ti dà la possibilità di produrre video di qualità nei formati giusti per la piattaforma Instagram.

Il segreto sta nell'organizzazione: crea una scaletta di argomenti dei quali vuoi parlare, così non perderai il filo del discorso durante il video, trova i punti giusti per tagliare così da ottenere un buon numero di video e il gioco è fatto.

Per le foto invece ricorda sempre che il loro compito è attirare l'attenzione: sì a immagini vere e "sporche", quelle che fanno apparire davvero la tua persona, il tuo lavoro e il tuo brand. Aggiungi sempre una frase, un pensiero in cui sintetizzi quello che la foto vuol significare a parole.

E ovviamente non dimentichiamo gli hashtag: le parole chiave, precedute dal #, che hanno il compito di migliorare l'indicizzazione del contenuto ovvero di facilitare la ricerca dei post per argomenti e mettere in contatto persone che hanno, tra loro, interessi comuni.

Programmazione o improvvisazione?

Entrambe! Su Instagram possiamo programmare i contenuti oppure improvvisare ogni cosa. Sicuramente per l'improvvisazione lo strumento più adatto solo le Instagram Stories. Ricordiamo però che Instagram nasce come un portfolio estetico e quindi premia la naturalezza, la spontaneità e la bellezza dei contenuti.

Questo non vuol dire che improvvisare è male, anzi: molto spesso dieto all'improvvisazione si nasconde una pianificazione attenta e studiata. Certo improvvisare funziona meglio sui social se è naturale. Ecco perché la piattaforma ti permette di programmare i post: una manna dal cielo per i content creator più esigenti.

La programmazione ti dà modo di pubblicare i contenuti anche in momenti successivi alla loro preparazione. Unico neo è che non è possibile programmare i post direttamente sul social, ma bisogna usare dei Tool e, i più adatti, sono: Iku Social, Skedsocial, HopperHQ e Grum che ti consentono di calendarizzare video e foto.

La pianificazione può essere utile per mancanza di tempo, può esser utile per chi gestisce il profilo di un'azienda e ha bisogno di caricare più contenuti insieme, pubblicati poi in giorni e orari stabiliti dal gestore della pagina. Sicuramente un grande aiuto per tutti i social media manager che gestiscono più profili insieme, ma anche una spinta in più per aiutare i neofiti dei contenuti.

Programmare infatti lascia tempo libero per pensare ai prossimi contenuti e improvvisare invece permette di essere più diretti.

Quali contenuti sono adatti: trovare la propria strada

Non tutti i contenuti vanno bene per tutti: foto, video o Stories devono adattarsi alla tua personalità. Qualsiasi sia il tuo temperamento il segreto è iniziare subito e trovare il contenuto migliore per esprimere al meglio il tuo pensiero. Bisogna, quindi, trovare il modo migliore per comunicare: una volta che avrai trovato il modo che più ti si addice, avrai trovato la tua strategia e l'avrai fatto con le tue sole forze.

Vediamo allora quale strategia è più adatta al prodotto o al servizio che vuoi promuovere.

Qualsiasi cosa può essere utile e può essere pubblicata, basta decidere cosa è più giusto pubblicare e cosa potrebbe funzionare meglio: il modo che hai per capirlo è procedere per tentativi, errori, ripensamenti fino a quando non arrivano i risultati. Così facendo potrai capire qual è il contenuto perfetto per te, quello che funziona meglio e che ti porta nuovi seguaci e nuovi traguardi.

I video su Instagram e l'IGTV

Instagram da sempre dà la possibilità di postare video sul proprio profilo, clip che possono essere usate per promuovere se stessi o i propri prodotti. I video classici per Instagram hanno un formato di 1:1, chiamato "quadrotto" o "fascionato", spesso con frasi che spiegano i passaggi cruciali e che rimandano a contenuti più ampi che si possono trovare sul proprio sito web o sul personale canale di YouTube.

Si possono creare video di qualsiasi tipo in base al messaggio che si vuole trasmettere e condividere: possono essere riprese di paesaggi, possono essere riprese in prima persona dialogate e sottotitolate, possono essere video di prodotti e via dicendo. Si può decidere di essere formali o informali nei video, seri o simpatici, in base sempre al conteso e al pubblico che ci segue. L'importante, come nella vita in generale, è riuscire a differenziarsi: rimanere impressi nella mente di chi ci segue o di chi ci ha visto.

Per riuscire nell'impresa della differenzializzazione è importate provare e riprovare, sbagliare e riprovare ancora finché non troverai il tuo modo personale per avere il tuo personalissimo video perfetto. Quindi prova, sbaglia e riprova.

Parliamo ora invece di un'altra tipologia di video, molto più recente e, per alcuni, ancora poco usata: la tv d'Instagram, l'IGTV. Nata nel giugno del 2018, la tv d'Instagram ha da subito scatenato la curiosità di molti, scettici e non. Questa nuova tv è stata una vera rivoluzione: prima di tutto l'IGTV dà la possibilità di pubblicare le anteprime dei video registrati per la tv sul proprio feed. Inoltre ha cambiato la durata e il formato delle clip: il formato ora, a discapito del passato, prevedere anche la possibilità di usare la rotazione orizzontale per dare una maggiore esperienza visiva (e anche una maggiore comodità); la durata invece è stata la vera rivoluzione: le clip, che non devono mai pesare più di 3,6 GB con una risoluzione massima di 4K, possono durare fino a 10 minuti ma, creatori e compagni, si auspicano di riuscire a portare una durata illimitata alle future pubblicazioni.

Non possiamo certo negare che la Tv d'Instagram sia un modo veloce e facile per acquisire visibilità e nuovi follower: proprio perché usato ancora da pochi, che ancora non hanno capito il potenziale di questo strumento, il mio consiglio è di usare la tv d'Instagram e caricare più video possibili. Per farlo, segui questi step:

- Registra il tuo video;
- Editalo, anche usando app esterne (puoi sempre usare InShot);

- Caricalo su IGTV dandogli un titolo e, contemporaneamente, seleziona l'anteprima da un minuto da pubblicare sul tuo feed. L'anteprima è fondamentale perché è un po' come un trailer del tuo video. Le persone la guardano e, se il contenuto è di loro interesse, cliccano sull'icona d'IGTV per continuare a vederlo.

Bonus: come creare il tuo video per Instagram in 5 minuti con InShot

Video che te ne ho parlato già diverse volte, ti dico come usare quest'app, davvero semplice, intuitiva e soprattutto gratuita, per creare dei video di qualità. Con InShot puoi:

- Registrare il video;
- Caricarlo nella app stessa;
- Metterlo nel formato ideale (quadrotto 1:1 che ti dà in automatico la fascia in alto e la fascia in basso);
- Aggiungere il testo che preferisci, scegliendo tra font diversi;
- Aggiungere immagini di copertura che magari hai già sul cellulare (e anche icone);
- Esportarlo nel formato migliore, più qualitativo;

- Salvarlo sul cellulare;
- Caricarlo sul tuo profilo Instagram.

Un gioco da ragazzi.

Le Instagram Stories

Senza alcun dubbio il mio strumento preferito: le Stories d'Instagram, delle pillole di video, di soli 15 secondi, che possiamo usare ogni minuto e in ogni momento, per condividere con la nostra community quello che facciamo durante la nostra giornata. Le Instagram Stories, neanche a dirlo, stanno davvero soppiantando le foto. I più grandi nomi dei social usano questo strumenti quasi h24, condividendo davvero qualsiasi cosa facciano ogni giorno.

Le Stories però non sono una novità: nascono da un social precedente, poco usato in Italia ma richiestissimo negli Stati Uniti, ossia Snapchat che le ha create per coinvolgere un pubblico più giovane sulla sua piattaforma.

La caratteristica più apprezzata delle Stories è

la loro provvisorietà: ogni storia dura solo 24 ore e poi viene cancellata, a meno che non si decida di salvarla usando il programma per Android Story Saver o quello per iPhone StoryRepost. In ogni caso qualsiasi storia può essere conservata sul proprio profilo: basta aggiungere la storia che è ancora in corso in un contenuto in evidenza, magari creato una tipologia diversa per contenuto, e i tuoi utenti potranno ritrovarle lì, sempre disponibili. Le Instagram Stories possono anche essere un buon banco di prova per capire cosa funziona e cosa invece non è gradito ai tuoi seguaci.

Le Stories possono essere arricchite con adesivi, GIF animate e scritte che le rendono personalizzabili e originali, e ancora sondaggi, per chiedere qualsiasi cosa si vuole ai propri follower, domande, con due opzioni di risposta, musica. Questi strumenti sono utili per coinvolgere il tuo pubblico in maniera attiva, renderli parte del progetto e contribuisci a creare la fidelizzazione.

Come capire se un contenuto funziona su Instagram

Per capire se i tuoi contenuti riescono ad arrivare al pubblico, portandoti nuovi follower e maggiori interazioni, rispondi a queste domande:

1. Quanto è importante per il tuo pubblico ciò che stai pubblicando, quanto valore ha quell'immagine per chi ti segue?
2. Quanto è impossibile, quanto è raro trovare quel contenuto?
3. Quanto è riproducibile dalla media delle persone che ti segue, cioè quanto è facile per un tuo follower fare una foto o un video come il tuo?
4. Quanto è insostituibile come interesse, come intrattenimento, cioè quanto è preferibile per chi ti segue guardare

quello che hai pubblicato piuttosto che una puntata di una serie in streaming?

Dai un punteggio a ogni domanda e tira le somme: il tuo contenuto funziona oppure no?

Per chi è riuscito ad aver raggiunto una strategia seria e vincente, non è un problema pubblicare anche 4 contenuti al giorno: ammesso che non è facile riuscire a essere così attivi e pubblicare con una frequenza sempre regolare, voglio dirti che è importante riuscire a stilare una strategia che sia il più possibile efficace.

Alla base di ogni strategia, dev'esserci per forza il tuo posizionamento: quindi inizia a testare i tuoi posts, i tuoi video, le tue immagini e le tue storie e non dimenticare di seguire queste regole per avere contenuti vincenti e strategici:

1. Gli usi più originali del tuo prodotto o del tuo servizio

Il tuo prodotto ha sicuramente una specifica connotazione d'uso: usa la creatività e porta il tuo prodotto in tutt'altro contesto, fai vedere al tuo pubblico cosa può fare e usa la creatività.

2. I tuoi clienti

Cerca di coinvolgere chi ha già provato i tuoi prodotti o i tuoi servizi: interviste, commenti, recensioni possono essere d'aiuto a chi ancora non ti conoscere per capire che ciò che fai è sicuro e coerente con tutto il tuo profilo.

3. Award e festeggiamenti

Riconoscimenti e festeggiamenti particolari hanno sempre il loro perché se postati nel modo giusto.

4. Hashtag e Geotag

Una delle particolarità d'Instagram è sicuramente quella di aver introdotto l'utilizzo degli hashtag: amati da molti e odiati da altri, non si può ignorare il loro utilizzo che è davvero essenziale. Purtroppo però non tutti sanno usare gli hashtag nella maniera corretta e anzi il loro utilizzo alle volte rasenta il ridicolo e l'improprio.

La parola significa "etichetta" ed è uno degli strumenti preferiti per far approdare utenti sulla propria pagina e aumentare l'audience del profilo. Il loro utilizzo corretto potrà esporre il profilo dell'azienda o del brand a un pubblico molto vasto.

Gli hashtag andrebbero utilizzati sotto ogni post, ogni immagine e ogni video che viene pubblicato, insieme a una descrizione. Gli hashtag infatti sono quelle parole che permetto agli utenti di trovare altri utenti.

Uno dei modi migliori per organizzare tutti gli hashtag da usare è salvare in un Blocco o in un App Note oppure nei Fogli Google: in questo modo gli hashtag saranno sempre a portata di mano e pronti per essere inseriti sotto l'ultimo post prima della pubblicazione.

Da ricordare che gli hashtag vanno usati parola per parola e non come unica frase, esempio: #NuovaCollezionePrivameraEstate2021èArrivata non è corretto e non porterà mai nessun utente sulla pagina. Invece scrivere #SS2021 #newcollection otterrà il risultato sperato.

Oltre gli Hashtag Instagram detiene il primato per la pubblicazione dei Geotag: gli strumenti per localizzare i post e dare una posizione al contenuto che viene condiviso. Sono diventati necessari per far aumentare il bacino di follower che potrebbero aver bisogno dei servizi di quella pagina.

La geo localizzazione è importante in quando inserisce, in maniera automatica, le immagini che vengono postate su una mappa virtuale: se la localizzazione è attiva sull'app d'Instagram, il luogo sarà inserito in maniera automatica per ogni pubblicazione, in caso contrario è possibile aggiungerla manualmente mentre si sta creando il post.

Per il bene della vostra azienda è importante ricordare che molti utenti cercano attività e aziende anche in base al luogo, quindi utilizzando i Geotag potrete posizionarvi nei luoghi più cercati e in quelli più popolari, così da fare aumentare la visibilità della pagina e quindi dell'azienda.

Piccolo consiglio: non geo localizzatevi in luoghi che non rispecchiano la reale posizione. Esempio: se volete pubblicare una foto di una nuova linea di costumi e il vostro brand ha sede a Ostia, non usate il Geotag dei Caraibi. Per quanto possa sembrare fantastico aver fatto le foto in un posto così magnifico, potrebbe allontanare potenziali clienti che crederanno non vi troviate nelle vicinanze.

Per inserire un Geotag su una foto basterà solo: creare il post, cliccare sul "aggiungo luogo", trovare il luogo che si vuole aggiungere e cliccarsi su e il post sarà subito geo localizzato. Stesso discorso se si vuole inserire il Geotag anche nelle storie.

5. Le notizie di attualità

L'attualità ha sempre mille spunti per non rimanere mai senza idee.

6. Il dietro le quinte

Fai vedere a chi ti segue cosa succede nella tua azienda, nel tuo studio o nel tuo ufficio quando le porte sono chiuse. Un vero e proprio dietro le quinte dell'organizzazione, della produzione e della lavorazione dei tuoi prodotti e dei tuoi servizi.

7. Alcuni consigli pratici

Dai consigli su come usare al meglio il tuo prodotto, il tuo servizio e cosa potresti fare una volta avuto tra le mani.

8. Chiedere

Non aver paura di chiedere al tuo pubblico: suggerimenti, consigli, domande e sondaggi faranno sentire i tuoi follower parte attiva del tuo progetto.

9. La macchina del tempo

Il vintage è sempre amato: fai vedere com'eri tu anni fa, com'era il tuo prodotto, com'è nata la tua azienda. Porta i tuoi follower in un vero e proprio viaggio nel tempo. I post nostalgici sono sempre vincenti.

Riassumendo:

Per riuscire a creare contenuti di qualità abbiamo bisogno di:

1. Organizzazione e pianificazione del tempo, per creare ogni giorno contenuti di qualità;
2. Usare molti video e molte Stories
3. Caricare video di qualità;
4. Usare il formato ideale per il feed d'Instagram, che è 1:1;

5. Sfruttare al massimo la possibilità offerta in questo momento da IGTV (su IGTV il formato ideale è orizzontale, puoi registrare e pubblicare video lunghi fino a 10 minuti);
6. Sviluppare la propria strategia dei contenuti e per farlo dobbiamo ricordare di essere originali, di essere coerenti con l'obiettivo che ci siamo dati, di pubblicare con una certa frequenza.

CAPITOLO 5

La frequenza e le date di pubblicazione dei post

Quante volte ti hanno detto che esistono degli orari precisi per pubblicare su Instagram? Sicuramente tante, beh ti hanno detto una mezza verità. Questo perché non esistono orari giusti per una pubblicazione, ma esistono solo momenti adatti.

Per capire quanti post pubblicare bisogna valutare come lavora il nostro algoritmo d'Instagram, cioè come si comporta quando siano attivi e quando siamo inattivi sul social.

La prima cosa da valutare è il numero di persona che un post riesce a raggiungere: da ricordare che il numero di like non può mai corrispondere a quello dei follower questo perché gli utenti non seguono solo 5 persone, ma numerose pagine e le nostre foto non sempre potranno trovarsi tra le prime della loro home.

Ecco che entra in campo l'algoritmo, che lavora in base ai like che vengono aggiunti a una persona, il numero di volte che si visualizzano le storie, il tempo che si trascorre a vedere o cercare un determinato profilo.

Quindi due cose sono fondamentali: non essere mai inattivi, perché l'algoritmo andrebbe a togliere la frequenza di visualizzazione dell'account da parte dei follower e pubblicare poco al giorno ma usando post di qualità.

Il che non significa pubblicare ogni ora qualsiasi cosa ci passi per la mente perché questo potrebbe allontanare i follower e farli smettere di seguire la pagina: pochi contenuti ma giusti e adatti. Se si è in grado di poter pubblicare otto post al giorno, tutti di qualità, è un ottimo risultato.

Riassumendo:

Ricordiamoci sempre che pubblicare ad orari consoni è sì importante ma non necessario:

1. Ricorda chi sono i tuoi utenti, dove vivono e che fuso orario hanno;
2. Cerca di capire come funziona l'algoritmo;
3. Il numero di like non corrisponde a quello dei follower.

CAPITOLO 6

L'importanza del visivo

Parliamo ora di comunicazione visiva, un aspetto da molti sottovalutato nella creazione di contenuti ma che invece dovrebbe avere la sua giusta importanza.

La comunicazione visiva è marketing a tutti gli effetti: le immagini che pubblichiamo rappresentano noi, il nostro brand, i nostri servizi. La cosa positiva di questo aspetto estetico è che non esistono regole rigide ma solo consigli da seguire: in questo campo la cosa migliore da fare è uscire dagli schemi, avere estro e creatività e, se proprio non riusciamo a uscire dalla comfort zone, affidarci a un professionista della comunicazione. Ma se vogliamo iniziare a muoverci da soli in questo mondo, vediamo cosa fare.

1. L'uso dei filtri

Uno degli aspetti più accattivanti d'Instagram è il numero infinito di filtri che l'app ci fornisce, soprattutto per le Stories. La cosa migliore da fare è trovare il filtro più adatto e mantenerlo per un determinato periodo di tempo per tutte le immagini dei post e per tutte le Stories. Così facendo riuscirai ad aumentare la percezione della tua identità visiva, soprattutto quando l'utente si ritroverà davanti alla schermata del tuo profilo. I profili che usano filtri calibrati sulle stesse tonalità cromatiche, hanno maggior efficacia rispetto agli altri profili.

2. Anche il testo è estetica

Per Instagram l'immagine comunica più delle parole, ma questo non significa che dobbiamo trascurare i messaggi. Il testo, che non dovrà mai essere troppo lungo per questione di algoritmo, dovrà essere coerente con l'immagine scelta. Vediamo quindi come curare il testo, dovrai:

- Scegliere un solo stile di carattere, un font, che possa comunicare e accompagnare il tuo progetto: i caratteri più adatti sono sicuramente gli stili rigidi, morbidi, eleganti e giocosi;
- Selezionare un solo carattere, un solo font, da usare per tutti i tuoi post, sempre per dare continuità alla tua identità visiva.

3. I colori

Qualsiasi ogni colore è in grado di comunicare sensazione ed emozioni differenti in base al contesto in cui viene impiegato. Quindi in base a ciò che vuoi dire, usa i colori giusti. Per aiutarti ecco un elenco sul significato dei colori principali:

- Rosso: amore, pericolo, passione, forza, rabbia, stop;
- Blu: fiducia, relax, intelligenza, professionalità, affidabilità;
- Verde: natura, crescita, freschezza, tranquillità, invidia, speranza, via libera;
- Giallo: ottimismo, energia, attenzione, calore, saggezza;
- Arancio: amicizia, felicità, salute, buonumore, equilibrio;
- Nero: eleganza, ricchezza, forza, male;
- Bianco: luce, purezza, semplicità;
- Viola: mistero, futuro, lutto, spiritualità, lusso, magia.

4. Formato e dimensione

Quadrato, orizzontale, verticale, slide-carosello:

qualsiasi formato e qualsiasi dimensione d'immagine, se usata nella giusta maniera, può contribuire a costruire un profilo vincente. Altra opzione, molto usata e apprezzata, è il Layout a Slide, il classico Carosello: un modo accattivante per arricchire il proprio profilo in maniera creativa e non convenzionale. Questo Layout usa un'unica immagine, tagliata perfettamente in quadrati consecutivi che, allo scorrimento della slide, mostra la parte di foto nascosta che risulterà attaccata alla precedente.

Per creare effetti creativi usa software professionali come Adobe Photoshop, oppure applicazioni gratuite semplici e intuitive.

Riassumendo:

Non puoi sottovalutare l'importanza della comunicazione visiva nella creazione del tuo profilo, per farlo nel modo giusto ricorda di:

1. Pubblicare immagini che aumentino la percezione della tua identità visiva;
2. Usare un unico filtro;
3. Usare un unico stile di font, per post, video e Stories;
4. Scegliere i colori giusti in base al messaggio da comunicare;
5. Scegliere il formato e la dimensione giusta delle tue immagini.

CAPITOLO 7

La promozione del profilo Instagram

Il profilo è pronto ed è proprio come lo desideravi ma manca ancora qualcosa. Non basta infatti avere il profilo più bello di tutto Instagram per riuscire a farti conoscere: hai bisogno di promuoverlo. Se non metti in conto di dover promuovere i tuoi contenuti, Instagram da solo non fa certo miracoli.

Quindi dopo la strategia dei contenuti è necessario mettere in atto anche una strategia promozionale.

Il modo più veloce per far conoscere i tuoi contenuti su Instagram è stabilire un budget, destinato alla promozione di quello che pubblichi. Qualsiasi sia la promozione che si vorrà attivare, non possiamo non considerare la spesa economica: quindi abbiamo bisogno di riuscire a raggiungere, con ogni mezzo possibile, anche il più lontano degli utenti che rientra nel tuo target.

Instagram Advertising

Anche Instagram dà la possibilità di promuovere contenuti a pagamento, attraverso una targettizzazione mirata del pubblico, riuscendo a raggiungere un numero di persone sempre maggiore, le stesse persone che potrebbero essere interessate a seguire te, i tuoi consigli, i tuoi servizi o i tuoi prodotti.

La pubblicità, su Instagram come su qualsiasi altro social network, ha il compito di aumentare la notorietà di una persona o di un brand e può essere utile per portare traffico verso la pagina web personale o aziendale.

Per iniziare con l'ADV d'Instagram puoi usare il Gestore Inserzioni: il primo passo da compiere è la targettizzazione del pubblico. Per farlo puoi scegliere in base a diversi fattori come l'età, il luogo di nascita, il genere e gli interessi comuni.

Poi devi capire qual è l'obiettivo del contenuto che vuoi promuovere, quindi foto o video. Il più delle volte si punta sulla promozione del marchio, creando contenuti ad hoc da sponsorizzare per mostrarli a più persone possibili che, in base alle precedente targettizzazione, potrebbero essere interessate.

Poi devi capire la copertura che ti permette di massimizzare il numero di persone che vedranno il tuo annuncio: puoi decidere di sponsorizzare un contenuto legandolo al tuo sito web e, così facendo, potrai incrementare i tuoi follower.

Altra cosa da considerare è la possibilità di sponsorizzare anche le Stories: uno strumento che crea vicinanza e suscita maggiore interazioni tra gli utenti che ti seguono.

Visto che stiamo parlando d'investire del denaro, ci sono due cose a cui prestare massima attenzione:

1. La qualità del tuo messaggio, che dovrà essere accattivante e al tempo stesso curato;
2. Il target delle persone a cui il messaggio è indirizzato.

Se questi due fattori non sono saggiamente usati, rischi di non raggiungere un risultato soddisfacente rispetto all'investimento fatto.

Infine non dimenticare di usare i giusti Hashtag: ancora di più che nei post classici, l'uso degli hashtag nelle sponsorizzazioni serve per catturare l'attenzione di quel pubblico che potrebbe essere interessato a ciò che proponi.

Advertising su Instagram: creazione del post sponsorizzato

Vediamo quali sono gli step per creare un post sponsorizzato su Instagram:

1. Collegare l'account alla pagina Facebook: è possibile farlo dalle applicazioni ed è un'operazione semplice e veloce.
2. Creare una campagna: per farlo basterà andare sulla pagina "Gestione inserzioni" e cliccare sul "Crea Campagna". In quella schermata verranno visualizzati gli obiettivi di marketing che si voglia raggiungere.
3. Selezionare il pubblico: quindi si procede a scegliere il pubblico che si vuole raggiunge con il post.

4. AdsBudget: ora bisogna impostare il budget giornaliero o totale, decidere la durata della sponsorizzazione o se renderla sempre attiva.
5. Inserzione: quindi si procede alla creazione del post, del video o della storia che sarà pubblicizzato. Attenzione all'immagine scelta, al messaggio che verrà inserito, all'utilizzo esatto di Hashtag e Geotag.
6. Approvazione: una volta che il post viene confermato non resta che attendere l'approvazione dal Social che il più delle volte arriva nell'arco di alcuni minuti.

All'inizio potrai non ottenere i risultati sperati: inesperienza, scelta di un target sbagliato, un'immagine che non ha colpito o tanti altri fattori. Il mio consiglio è quello di non demordere e continuare a pubblicare e provare a stimolare la creatività e le idee.

Instagram Analytics

Molto probabilmente avrai sentito parlare delle Instagram Analytics, ossia di tutti quei dati che riguardano il proprio profilo: numeri che servono per capire se si sta procedendo nella maniera giusta o se è il caso di modificare qualche aspetto. Analizzare i dati, saperli interpretare e monitorarli è la chiave per il successo di permanenza e attività su Instagram.

Sia che si decida di usare gli Insights messi a disposizione dall'App o che si utilizzino tool esterni, le metriche e quindi i dati da dover monitorare sono i seguenti:

1. Commenti: il numero di commenti che si riceve è correlato al coinvolgimento del posto. I like aiutano a capire cosa piace o non piace al pubblico ma i commenti

rappresentano la più reale delle interazioni della piattaforma. Se i commenti scarseggiano è il caso di cambiare strategia.
2. Follower: alcuni sono davvero ossessionati da quel numerino. Ma il migliore dei modi è controllare la loro crescita settimanalmente, osservano quando si sono verificati dei picchi e in seguito a quale pubblicazione.
3. Menzioni: tutte quelle volte in cui un altro account cita un post o tagga il profilo.
4. Engagement degli hashtag: ecco perché è importante usarli nel modo corretto, perché possono portare a capire se il profilo cresce in maniera sana e corretta.
5. Orario e giorno: per tornare al discorso delle pubblicazioni, attraverso gli Instagram Analytics è possibile vedere quando i follower sono più attivi sulla pagina. Quindi capire se è meglio

pubblicare un giorno rispetto a un altro e in un orario in cui si è creata una maggior concentrazione d'interazioni.

Tutti questi dati statistici servono ovviamente solo se il profilo è aziendale. Per poter accedere a questi dati il percorso è il seguente:

- Accedere all'account aziendale;
- Cliccare sul tasto delle quattro barre orizzontali;
- Cliccare su "dati statistici";
- Selezionare un post, una Stories o una promozione che si vuole analizzare.

Riassumendo:

Per promuovere i contenuti Instagram ricordiamo di:

1. Targettizzare bene il pubblico in base a ciò che si vuole promuovere;

2. Quando si targettizza il pubblico bisogna tener presente fattori come età, sesso, interessi, geo localizzazione;
3. Concentrarsi sull'obiettivo che si vuole raggiungere;
4. Sponsorizzare un contenuto legandolo al proprio sito web inserendo il link che lo apre direttamente;
5. Sponsorizzare sia foto che video che Stories;
6. Usare gli hashtag per posizionare al meglio il contenuto e farlo arrivare a persone davvero interessate.

CAPITOLO 8

Sfruttare il potere degli influencer

Il mondo d'Instagram è ormai il regno indiscusso degli Influencer: sono loro che dettano le regole, consigliano prodotti, creano e dominando il mercato, pubblicizzano le aziende più importanti e regalano sconti ai loro seguaci. Un vero e proprio fenomeno che ha anche un nome: Influencer marketing.

Questa nuova frontiera dell'economia si basa sulla condivisione di foto, storie e messaggi che ogni influencer riesce a far vedere ai suoi follower consigliando di acquistare un determinato prodotto che pubblicizza. Quindi come si possono sfruttare gli influencer per potenziare il nostro profilo?

La prima cosa da ricordare è che non tutti gli influencer sono uguali: i ricercatori del settore sono arrivati a suddividere gli Influencer in tre categorie:

- Top Influencer: i più celebri e famosi a livello nazionale o mondiale. Sono quelli che hanno un numero di follower superiore a 500 mila;
- Macro Influencer: sono quelli account con un numero di seguaci che spazia tra gli 80 e i 500 mila. Il più delle volte sono specializzati per una determinata categoria;
- Micro Influencer: gli account con un numero di follower che va tra i 30 e gli 80 mila e sono anche quelli più richiesti da negozi, aziende e brand della terra natia dell'Influencer. Il loro successo infatti è spesso condizionato dalla loro provenienza e dallo sponsorizzare aziende e brand che fanno parte dell'ambito cittadino o regionali.

Per capire se è necessario sfruttare la potenza degli Influencer è bene ragionare da subito con i numeri: non è importante il numero dei seguaci o meglio non dev'essere un criterio di selezione. È possibile che un influencer con un numero minore di follower, che magari vive nella tua stessa zona di provenienza, sia più adatto di un altro che vive da tutt'altra parte ma che ha un numero maggiore di seguaci. Cerca quindi la persona giusta per te, quella che possa rappresentare al meglio ciò che fai, che sia sì conosciuta ma che rispecchi i tuoi ideali perché quella stessa sensazione la proveranno anche i suoi seguaci e tutte le altre persone che si avvicineranno.

Quindi per poter impostare una campagna marketing con gli influencer è necessario che alla base ci siano dialogo e onestà, per fare in modo che il rapporto lavorativo sia il più efficace e duraturo bisogna esser chiari fin da subito. La stessa onestà che promette l'azienda dovrà essere anche rapportata dall'influencer stesso. Quindi mettete da subito in chiaro le cose: sia per quanto riguarda il rapporto di lavoro, i prodotti e il budget che potrai offrire. Il più delle volte è anche possibile impostare il lavoro retribuendo l'influencer attraverso il prodotto che si andrà a pubblicizzare. Ma attenzione, non tutti gli influencer sono d'accordo e ci saranno alcuni che lavoreranno solo dietro compenso. Quindi fai la scelta giusta e scegli fin da subito la persona che possa rappresentare al meglio te, la tua azienda e i tuoi servizi.

Come contattare un influencer

Tra le opzioni possibili per contattare un influencer, per raggiungere quindi quella che credi sia la persona che possa fare al tuo caso, puoi:

- Cercare di trovare un punto in comune con l'Influencer scelto;
- Se il personaggio a cui vuoi arrivare è troppo noto, puoi iniziare a collaborare con persone a lui vicine: in questo modo crei un collegamento e, quando arriverai a lui, non sarai un perfetto sconosciuto;
- Per contattare un influencer puoi inviargli un Ping su Instagram e, quando ti risponde, avviare un dialogo con lui presentandogli il tuo progetto, spiegando chi sei e cosa fai e in che modo vorresti coinvolgerlo.

Non è detto però che l'influencer, ovviamente, ti risponda o ti prenda in considerazione. Per poter entrare in contatto con l'influencer prescelto, soprattutto con quelli più famosi, ricorda di:

1. Sottolineare quali vantaggi avrà l'influencer da questa collaborazione: ricorda che il rapporto dovrà essere "win to win";
2. Sì chiaro e breve: non scrivere messaggi lunghi o papiri interminabili perché probabilmente non verranno neanche letti;
3. Non cercare di mettere fretta o a spingerlo sull'urgenza della collaborazione: sei tu che hai bisogno di lui, non il contrario.

Per poter contattare in maniera corretta un influencer, usa uno di questi testi: sono versatili, adatti a tutte le occasioni e tu non dovrai far altro che inserire le informazioni personali o aziendali.

1. Primo esempio: l'Anteprima, ossia offri all'Influencer l'accesso in anteprima al tuo nuovo prodotto o al tuo nuovo servizio.

Ciao [inserire nome influencer],

Mi chiamo [inserire nome personale e/o aziendale] e realizzo [inserire nome del prodotto o del servizio]. Stiamo per rilasciare [inserire nome prodotto e/o servizio] che permette di [inserire cosa fa il prodotto e/o il servizio], se ti interessa questo è il link per te in anteprima [inserire link].

2. Secondo esempio: la Business Offer, ossia investire del denaro per fare business insieme.

Ciao [inserire nome influencer],

Mi chiamo [inserire nome personale e/o aziendale] e realizzo [inserire nome del prodotto o del servizio]. Seguo i tuoi contenuti da anni e apprezzo il tuo lavoro nel settore [inserire settore di competenza dell'influencer].

Vorremmo collaborare con te per far conoscere al tuo pubblico [inserire nome prodotto e/o azienda e/o servizio] che pensiamo sia molto affine e di grande utilità per tutti i tuoi seguaci.

Possiamo avere un contatto di chi segue le tue partnership così da approfondire modalità ed economica?

3. Terzo esempio: la Ricerca

Ciao [inserire nome influencer],

Mi chiamo [inserire nome personale e/o

aziendale] e realizzo [inserire nome del prodotto o del servizio].

Ti disturbo perché abbiamo appena [inserire il nuovo prodotto e/o il nuovo servizio e/o la nuova azienda che si vuole sponsorizzare]. I risultati sono davvero sorprendenti e seguendoti pensiamo che potrebbe essere di tuo interesse.

4. Quarto esempio: il "Si parla di te": da usare se hai deciso di fare un contenuto che parli del lavoro di questo influencer, purché sia ben fatto e possa accrescere non solo te ma anche l'influencer stesso.

Ciao [inserire nome influencer],

Mi chiamo [inserire nome personale e/o aziendale] e realizzo [inserire nome del prodotto o del servizio].

Abbiamo appena pubblicato un video che analizza i migliori [inserire ciò di cui si occupa l'influencer scelto] e non potevamo non includerti.

5. Quinto esempio: l'Intervista

Oggetto: Intervista per promuovere il tuo nuovo [inserire l'ultima novità di cui l'influencer si è fatto promotore].

Ciao [inserire nome influencer],

Ti vorrei intervistare per promuovere il video sulla mia community di [inserire numero di follower].

Negli ultimi anni, ho intervistato [inserire i nomi dei personaggi noti che hai precedentemente intervistato] e sono specializzato nel campo [inserire campo di specializzazione] da [inserire il numero di anni di specializzazione].

Qui un esempio di video che ho realizzato [allegare il link di un tuo precedente lavoro].

I Bot: perché non dovrai mai usarli

A tutti è capitato, più di una volta, di trovarsi di fronte a un Bot: per quanto alcuni continuino imperterriti a usarli i Bot sono una delle cose che NON dovrai assolutamente utilizzare.

I Bot non sono etici, non rappresentano te, le tue idee e i tuoi obiettivi: sono solo una scorciatoia per mantenere contento il pubblico e cercare di fidelizzarlo, creando l'illusione di una partecipazione o di un interesse che, in realtà, non è mai reale.

I Bot non sono altro che intelligenze artificiali create per sostituire le persone e ingannare gli utenti che credono di avere ricevuto un like da qualcuno: questo soggetto in realtà non ha fatto niente, non ha interagito con loro, si è limitato a impostare un Bot perché agisse al suo posto.

Visto che Instagram è un social vero, da tempo ha dato vita alla pratica dello Shadowban, che ha condannato i Bot a una vita breve: questo strumento riduce, in maniera drastica, il pubblico al quale vengono mostrati i contenuti del profilo, più che altro profili business.

Riassumendo:

Per sponsorizzare i contenuti, in maniera ancora più efficace, cerca d'instaurare una collaborazione con degli Influencer:

1. Cerca l'influencer che più rappresenta il tuo pensiero e rispecchi i tuoi ideali, una persona con la quale i tuoi seguaci possano riconoscersi;

2. Crea contenuti belli e accattivanti che, prima ancora di coinvolgere i tuoi follower, attirino l'attenzione dell'influencer;
3. Trova il modo giusto e la giusta forma per contattarlo;
4. Stabilisci un budget o una retribuzione materiale, attraverso i tuoi servizi o i tuoi prodotti, per l'influencer.

Bonus: il Glossario d'Instagram

L'ultimo step è imparare le parole giuste: se inizierai a lavorare con questo social potrai trovarti di fronte a termini che non conosci, ecco allora il glossario completo di tutte le parole più usate su Instagram.

Account: è il profilo Instagram.

ADS, Inserzione sponsorizzata: i contenuti che vengono pubblicizzati dietro pagamento. Per sponsorizzare è necessario avere un account business o creator.

ADV/AD: è una dicitura inserita nei contenuti promossi da influencer e blogger. Indica che tra il brand o l'azienda di cui si sta parlando e l'influencer è in atto un contratto pubblicitario.

Algoritmo: è l'insieme delle regole che definiscono le attività su Instagram.

Ambassador: è un testimonial di lunga durata che si fa carico di rappresentare attraverso il suo volto e le sue attività un brand o un'azienda.

Autenticazione a due fattori: è un metodo di accesso a Instagram e prevede l'affiancamento di una seconda modalità di accesso a quella classica della password.

Bio: la biografia.

Boomerang: è una modalità di riproduzione di una foto nelle Stories d'Instagram.

BOT: sono strumenti terzi, non approvati da Instagram, che effettuano azioni robotizzate, al fine di aumentare follower e interazioni.

Caption: è la descrizione del post, il testo di accompagnamento.

Carousel: è un tipo di media composto da più foto, per un massimo di 10.

Contest: concorsi a premio, conosciuti con il nome di Giveaway, realizzati da aziende con un regolamento ufficiale e, per essere legali, devono essere organizzati tramite il MISE pena il ban o la cancellazione del profilo.

Copertura, Reach: il numero degli account unici che visualizzano un post.

Countdown: un adesivo che permette d'inserire nelle Instagram Stories un conto alla rovescia.

DM, Direct Message: la chat d'Instagram.

Engagement, il coinvolgimento: è il valore, espresso in percentuale, che indica lo stato di coinvolgimento generale del profilo e si ottiene sommando le interazioni di un singolo post e dividendo il risultato per il numero di follower del profilo.

Esplora: la sezione che mostra i contenuti più popolari, in linea con gli interessi del profilo.

Fake follower: account falsi.

Feed: la pagina personale.

Follow: l'atto di seguire un altro account.

Follow back: un utente che abbiamo iniziato a seguire, ci segue a sua volta.

Follow/Unfollow: l'atto con il quale si segue un profilo per un breve periodo di tempo, per poi smettere di seguirlo. È una pratica che ha l'obiettivo di aumentare i follower. Non è una pratica considerata etica da parte d'Instagram.

Follower, i seguaci: un utente che segue un account.

Following, i seguiti: gli utenti che un account segue.

Geotag: l'inserimento della localizzazione in un contenuto.

Ghost follower, i seguaci fantasma: sono

account inattivi.

GIF: immagini animate che possono essere inserite nelle Stories.

Gifted by: dicitura inserita nei contenuti, da influencer e blogger, e indica che i prodotti di cui si parla sono stati regalati dall'azienda o dal brand.

Hashtag: un metodo nato per etichettare una parola chiave, con il tasto #.

IGTV, Instagram TV: la nuova piattaforma Instagram per raccogliere video più lunghi di un minuto, in formato rettangolare.

Impression: il numero di volte in cui un contenuto pubblicato viene visualizzato.

Influencer: utenti con una forte influenza sui social.

Insights: i dati analitici del profilo Instagram che

permettono di avere informazioni aggiuntive sull'andamento dell'account. Hanno il compito d'implementare le pubblicazioni e strutturare al meglio la pianificazione dei contenuti.

Instagramer: una persona con un profilo Instagram.

Interazione: una qualsiasi attività che presuppone l'interazione con un altro utente.

K: posizionata alla fine del numero di follower indica le migliaia.

Like bombing: pratica con un numero di utenti mette like a un contenuto per aumentarne la visibilità e far inserire quel post nei più popolari.

Link in bio: il collegamento a siti che si trova nella biografia.

Meme: un contenuto virale divertente.

Menzione: un modo per taggare un utente. Si

effettua scrivendo il nome dell'utente preceduto dalla @.

Multi account: la possibilità di essere loggato su Instagram con più account.

Nametag: un adesivo che una volta scansionato consentirà a un altro utente di seguire un account.

Password: la chiave di accesso al profilo Instagram.

Profilo business: il profilo business dell'account d'Instagram, è necessario che sia collegato a una pagina Facebook.

Profilo creator: un account nato per Influencer e Blogger che hanno bisogno di gestire numerosi messaggi in Direct.

Question: un adesivo che permette all'utente di ricevere domande e di condividere le risposte nelle Stories.

Reazione rapide, Stories Reaction: usate per rispondere alle Stories attraverso un Emoji.

Repost: l'azione di ripubblicare un contenuto di un altro account sul proprio profilo.

Ritratto: una foto che mette a fuoco solo il volto, sfocando lo sfondo.

Save botton: la linguetta, che si trova a destra sotto foto e video, che salva automaticamente un contenuto.

Shadowban: l'oscuramento momentaneo dei post di un account a seguito di comportamenti non leciti.

Sondaggio: un adesivo usato nelle Stories che permette di chiedere ai propri follower di scegliere tra due opzioni.

Spam: una comunicazione indesiderata e fastidiosa.

Stories: brevi video, con durata massima di 15 secondi, che rimangono visibili solo per 24 ore.

Stories in evidenza, Highlights: sono delle raccolte di Stories che vengono raccolte spesso per argomenti, correlate da una copertina che ne identifica il contenuto. È uno dei modi per rendere le Stories permanenti.

Super zoom: una funzione delle Stories che permette di usare uno zoom automatico.

Supplied by: dicitura inserita, da influencer e blogger, che i servizi di cui si sta usufruendo sono stati regalati.

Swipe up: l'atto di muovere il dito verso l'alto su una Stories per aprire un link che porterà a un url estero o interno alla piattaforma. È una funzionalità che possono avere solo gli account con più di 10k follower.

Tag: taggare un altro utente all'interno di un

contenuto.

Target: il pubblico verso cui un account è interessato e per cui produrrà determinati tipi di contenuti.

Vanity metrics, metriche di vanità: i dati come numero di follower, visualizzazioni o like.

CONCLUSIONI

A questo punto sei davvero pronto a creare un profilo Instagram vincente, quindi perché non fare un ripasso generale di tutto quello che abbiamo imparato? Questa scaletta potrà servirti per ricordare, in maniera più facile e sintetica, tutto quello che dovrai fare per sbarcare sul social più apprezzato degli ultimi anni.

1. Stabilisci i tuoi obiettivi in base a chi sei, a quelle che sono le tue caratteristiche e le tue aspirazioni.
2. Individua il tuo pubblico e crea la tua buyer persona.
3. I follower non sono tutto: il successo del tuo account Instagram non dipende solo dal numero di persone che ti seguiranno, ma anche dal reale interesse che hanno

per ciò che tu proponi loro. Quindi meglio avere pochi seguaci ma tutti attivi, che tanti e inattivi.
4. Studia le strategie degli Influencer che si rivolgono alle persone che tu stesso vuoi raggiungere e replicale secondo il tuo stile.
5. Crea il tuo account:
- Scrivi la biografia specificando chi sei e cosa fai;
- Metti un link del tuo sito web o di un prodotto e/o servizio che vuoi promuovere;
- Scegli una foto professionale che rispecchi davvero chi sei e quello che fai.
6. Produci contenuti di qualità, che riescano a catturare l'interesse del tuo pubblico:
- Durante la pubblicazione di un video ricorda che il formato ideale per il feed d'Instagram è il quadrotto 1:1, meglio con le bande sopra e sotto che si potranno

riempire con un testo, in modo che catturi subito l'attenzione di chi lo vede. Per IGTV il formato ideale è orizzontale e i video possono durare fino a 10 minuti. Le Stories, che hanno una durata di 15 secondi e che scompaiono in 24 ore, meglio se registrate in verticale;

- Il quantitativo ideale di contenuti per una strategia seria è 4 al giorno, in base a quando è presente il tuo pubblico sul social: due contenuti al mattino e contenuti divisi tra pomeriggio e sera più 5 Stories;
- Se non hai tempo di registrare e pubblicare video ogni giorno, fai un video unico più lungo che potrai suddividere in video più piccoli da usare per giorni diversi;

7. Promuovi i tuoi contenuti usando Instagram ADV:

- Stabilisci l'obiettivo della tua sponsorizzazione;
- Targettizza bene il tuo pubblico in base al tuo obiettivo, tenendo a mente la buyer persona;
- Usa gli hashtag e i Geotag per posizionare al meglio la tua sponsorizzazione e farti trovare dalle persone giuste.
8. Contatta gli Influencer proponendoti per una collaborazione che sia vantaggiosa per entrambi ("win to win"). Per entrare in contatto con loro puoi trovare una passione o un interesse comune e fare leva su questo:
10. Non usare i BOT.
11. Sperimenta, prova e riprova, sbaglia in fretta e costruisci velocemente la tua strategia.
12. Usa le parole giuste.

www.ingramcontent.com/pod-product-compliance
Lightning Source LLC
Chambersburg PA
CBHW070427220526
45466CB00004B/1569